अहिंसा सर्कल

(कविता संग्रह)

पयोद जोशी 'प्रखर'

प्रभाकर
प्रकाशन

ISBN: 978-93-90963-86-7
eISBN: 978-93-90963-87-4

प्रकाशक: प्रभाकर प्रकाशन
प्लॉट नं.-55, मेन मदर डेयरी रोड
पांडव नगर, ईस्ट दिल्ली-110092
फोन: 011-40395855
व्हाट्स ऐप: +91 8368220032
ई-मेल: sales@pharosbooks.in
वेबसाइट: www.prabhakarprakashan.com
संस्करण: 2022
मुद्रक: सुषमा बुक बाइंडिंग हाउस ओखला इंडस्ट्रियल
एरिया फेस-II, नई दिल्ली-110020

अहिंसा सर्कल
पयोद जोशी 'प्रखर'

जीवन संगिनी सुषमा के लिए

प्राक्कथन

"अहिंसा सर्किल" मेरा पहला कविता संग्रह है। कविता के व्याकरण से बहुत ज़्यादा परिचय नहीं है। यह कविता की शास्त्रीयता से दूर अपने विचारों और भावों से निकले शब्दों को काव्यात्मक अर्थ देने का विनम्र प्रयास है। जो कुछ अनुभूति अपने आस-पास ने दी है, उसी से ये कविताएँ जन्मी हैं। आशा है कि साहित्य के सुधी पाठकों को ये कविताएँ पसंद आयेंगी। इस कविता संग्रह की भूमिका प्रसिद्ध आलोचक और विद्वान कवि प्रोफ़ेसर जीवन सिंह जी मानवी ने लिखी है। उनका बहुत-बहुत आभार है। इस साहित्य रचना में जीवन संगिनी सुषमा की महत्त्वपूर्ण भूमिका रही है, इसलिए यह पहला प्रयास सुषमा के नाम।

मेरे पिता श्री जगदीश चन्द्र जोशी "भावुक" उच्च कोटि के कवि रहे हैं। बचपन से कविता लिखने का आनंद उन्हें देखकर ही आने लगा। उनके आशीर्वाद का सदा ऋणी रहूँगा। माँ श्रीमती शशि कला जोशी को भी प्रणाम। उन सभी गुरुजनों और मित्रों का भी आभार जिन्होंने मेरी सृजन के प्रयासों को सराहकर मुझे इस दिशा में आगे कदम बढ़ाने के लिए प्रोत्साहित किया, विशेषकर डॉ. प्रेम बिहारी शर्मा सर और डॉ. आलोक श्रीवास्तव सर का आभार। मित्र अनंत, मनीष और देवकांता जी का आभार कि उन्होंने कविताओं को अपने सुझावों से और निखारा। भाई संदीप मील का विशेष धन्यवाद कि उनके निरंतर आग्रह से यह संग्रह प्रकाशित हो रहा है।

पयोद जोशी 'प्रखर'

आँखों से बरसते हुए शब्द

'अहिंसा सर्कल' युवा कवि पयोद जोशी 'प्रखर' का पहला कविता संग्रह है। जैसा कि इसके शीर्षक से स्पष्ट है कि इसकी अंतर्वस्तु और कविमन पर 'अहिंसा' के विचार का गहरा असर है। जैसा कि हम सब जानते हैं कि जैसे-जैसे दुनिया के लोकतांत्रिक और गैर-लोकतांत्रिक निज़ामों में पूँजी का एकाधिकार और आधिपत्य बढ़ा है, वैसे-वैसे ही आतंक और हिंसा में भी बेहद इज़ाफ़ा हुआ है। दुनिया में आज यदि कहीं शांति दिखाई देती है तो वह हथियारों और सैन्य शक्ति की वजह से है, विकसित सभ्यता की वजह से नहीं। पिछले कुछ सालों से पूरे विश्व और ख़ासतौर से भारतीय लोकतांत्रिक निज़ाम में बढ़ती हुई हिंसा के प्रतिरोध में इन कविताओं की रचना हुई है। विडंबना यह है कि किसी भी नगर में यह हिंसा 'अहिंसा सर्कलों' के आसपास भी ख़ूब देखने में आती है। सर्कल के भीतर बुद्ध, महावीर और गांधी जैसे अहिंसा की संस्कृति के प्रणेताओं की प्रतिमाएँ मौजूद रहने के बावजूद किसी पर इनकी बातों का कोई असर शायद ही दिखाई देता हो। इस हिंसा में भी साम्प्रदायिक हिंसा को लेकर पयोद जोशी ख़ासे चिंतित दिखाई देते हैं। इस संग्रह की पहली कविता ही 'अहिंसा सर्कल' है, जिसमें देश के भीतर बढ़ती हुई साम्प्रदायिक हिंसा की घटनाओं और स्थितियों का उल्लेख कर दंगे में मारे गये माँ-बाप विहीन एक अनाथ बच्चे के घर की वह तलाश करता है। वह बतलाता है कि इस तरह के दंगों और हिंसा में हमेशा वे मासूम और निर्दोष लोग इसका शिकार होते हैं जो अपनी मेहनत से दो जून की रोटी का जैसे-तैसे जुगाड़ करते हैं। कविता में वह बतलाता है...

मरने वालों में था
एक चाय पिलाने वाला
एक पानी पतासे खिलाने वाला
एक बनाता था पंक्चर
एक लगाता था
आइसक्रीम का ठेला

इनकी ख़ास बात यह है कि इनकी संरचना मुक्त छंद में होते हुए भी तुकात्मकता विहीन नहीं है, जिससे कविता में एक निश्चित तरह के शब्द-प्रवाह के कारण एक तरह की लय का सृजन हो जाता है। छंद तो यहाँ कोई नहीं है किन्तु बीच-बीच में तुक मिलाकर कथ्य का काव्यात्मक प्रभाव उत्पन्न करने का प्रयास करता हुआ कवि यहाँ नज़र आता है। कवि ने अपनी कविता की रचना के पीछे अपने सोच और सोचने

की सतत् प्रक्रिया को माना है। संग्रह की दूसरी कविता ही 'कविता' शीर्षक से कविता के बारे में है। यह कविता एक तरह से पयोद जी की कविताओं को समझने और पहचानने की कुंजी भी है। इस बात को तो कवि भी नहीं समझ पाता कि कविता कैसे बन जाती है किन्तु इस प्रक्रिया में वह अपनी सोचते रहने की प्रक्रिया को ही बार-बार रेखांकित करता है। वह तो इतना भी कहता है कि वह प्रेम और सौन्दर्य के बारे में भी सोचने को नहीं छोड़ पाता। प्रेम जैसी भावात्मक प्रक्रिया तक भी वह सोचने की प्रक्रिया से गुज़रता हुआ ही पहुँचता है। इसके बाद आता है ज़माने का दर्द, जिसमें गरीब लोंगों की त्रासदियाँ तथा मज़दूर-किसानों के अभाव, शोषण-उत्पीड़न तथा युद्धों में बेवजह मरते लोगों के दर्द कवि को सोचने और कविता लिखने को मजबूर कर देते हैं। इस तरह से पयोद जोशी की कविता अपने समय और ज़िंदगी के बुनियादी सवालों और मुद्दों से जुड़ी हुई कविता है। छायावादी कवि सुमित्रानंदन पन्त ने कविता के बारे में कहा है कि वह आँखों से उमड़ा हुआ आह से उपजा गान है- **"उमड़कर आँखों से चुपचाप, आह से उपजा होगा गान।"** पयोद जोशी के लिए भी कविता के शब्द आँखों से आँसुओं की तरह से बरसने वाले शब्द ही हैं...

सब चले आते हैं
झकझोरने मुझे
लगते हैं ज़माने की ओर मोड़ने मुझे
और तब
आँखों से बरसने लगते हैं शब्द

इन कविताओं से साफ़-साफ़ पता चलता है कि कवि अपने समय से संतुष्ट नहीं है। हमारे जीवन में जिस तरह से अलगाव बढ़ा है उसे वह "अलगाव" शीर्षक से लिखी हुई कविता में ख़ासतौर से रेखांकित करता है। सबसे पहली बात यह है कि हमारा जीवन बहुत तेजी से प्रकृति से अलग होता जा रहा है। इसके लिए वह उस पुराने समय को याद करता है जब लोग आज की तरह से विकसित भले नहीं हों किन्तु वे प्रकृति के नज़दीक रहकर अभावों के बावजूद उसमें एक सहज आनंद भावना की स्फूर्ति अनुभव करते थे। आज की सभ्यता में वह सब ग़ायब होता जा रहा है। वह इस बात से चिंतित है कि यह ज़माना अब छोटे-छोटे कामों से प्राप्त ख़ुशियों का नहीं है। आज हम एक बनावटी दुनिया के नागरिक बन चुके हैं जिसमें बड़े-बड़े मॉल और शोरूम तो हैं किन्तु उनसे प्राप्त ख़ुशियाँ बड़ी नहीं हैं। इस तरह से पयोद जी की कविताएँ इस सभ्यता की समीक्षा करती हुई अपना कलेवर तैयार करती हैं। सबसे ज़्यादा चिंता की बात यह है कि आज के आदमी ने दूसरों के लिए जीना बंद कर दिया है। इस तरह से हमारी ज़िंदगी का कोई बड़ा अर्थ नहीं रह गया है। इस तरह की चिंताएँ और विक्षोभ पयोद जोशी की अधिकांश कविताओं का विषय है। 'गुलमोहर की पाठशाला' जैसी कविताओं में कवि के जीवन की वे स्मृतियाँ हैं जो व्यक्ति को उदार बनाया करती हैं किन्तु अफ़सोस की बात यह है कि आज की सभ्यता एक तरफ़ पहले से विकसित

सभ्यता है जबकि दूसरी तरफ़ वह अनेक तरह की संकीर्णताओं से ग्रस्त है। यद्यपि यह भी सोचने-समझने की बात है कि ये संकीर्णताएँ हमारे समाज में अचानक एक दिन में नहीं आयी हैं। यह अलग बात है कि ये धीरे धीरे नए-नए रूपों में उग्र रूप धारण करती चली गयी हैं।

इस संग्रह में कुल 67 कविताएँ हैं जिनमें झील का विद्रोह, अपने-अपने आकाश, धीरे-धीरे, एक मकान, गति, अनगिनत आकांक्षाएँ, बेमौसम के बादल, दरख़्त, घोंसला, आशाओं के वृक्ष पर, तलाश, उम्मीद, अकेली धारा आदि कई ऐसी कविताएँ हैं जो अपने कथ्य की बनावट और प्रभाव में अपनी तरफ़ पाठक का ध्यान ख़ासतौर से आकर्षित कर सकती हैं। ये इस समय की सच्चाई के किसी न किसी पक्ष को उद्घाटित करती हैं। इनके कवि का अपना पक्ष इनसे जुदा नहीं होता। वह किसी-न-किसी स्तर पर व्यक्त होता रहता है। जैसे-

मुझे जब/इस नीरस जंगल में

लगती है बहुत प्यास

और नहीं दिखता/कोई सागर आसपास

उस अलग बहती धारा से

अंजलि भर जल ले आता हूँ

सूखा कंठ तर कर

अपने पथ पर आगे बढ़ जाता हूँ।

इन कविताओं को पढ़कर यह कहा जा सकता है कि पयोद जी की ये कविताएँ उनकी एक बेहतर शुरुआत है। इनसे यह भी स्पष्ट है कि काव्य सृजन के उनके बड़े प्रयोजन और इरादे इन कविताओं में व्यक्त हुए हैं। लेकिन कविता कर्म केवल प्रतिभा-कर्म ही नहीं है उसके साथ अभ्यास और व्युत्पत्ति को भी हमारे यहाँ काव्य हेतुओं में ज़रूरी माना गया है। जिनकी ज़रूरत हर कवि को तब तक होती है जब तक वह कविता-कर्म में रत रहता है।

जीवन सिंह

अलवर

राजस्थान

3 अगस्त 2021

क्रमणिका

अहिंसा सर्कल

अहिंसा सर्कल

समय का कैसा हुआ फेर
शहर के
अहिंसा सर्कल पर
हुई हिंसा
एक दर्जन लोग
हो गए ढेर।

ख़बरें कहतीं हैं
'दोनों' तरफ़ के लोग हैं
हताहतों में,
सुना है कुछ बच्चे
झगड़ पड़े थे और
बड़ों ने फ़ैसला किया
सड़क पर लगी
अदालतों में॥

मरने वालों में था
एक चाय पिलाने वाला,
एक पानी पतासे
खिलाने वाला,

एक सर्कल पर
पंक्चर बनाता था,
तो एक
आइसक्रीम का ठेला
लगाता था।
कुछ की बिखरी थी टोपियाँ
तो
कुछ की खुली थी खोपड़ियाँ,
जिन पर लगे
तिलक से
निकल रहा है खून।
सर्कल पर लगी
गुमटियाँ
नफ़रत की आग में
गई हैं भून॥

सर्कल के एक ओर
अजान के स्वर आ रहे हैं
दूसरी ओर मंदिर में
लोग आरती गा रहे हैं।

सर्कल के भीतर
एक ओर गांधी,
दूसरी ओर महावीर,
तीसरी ओर बुद्ध,
चौथी ओर मौलाना
के स्टेच्यू
पता नहीं मुस्करा रहे हैं
या शरमा रहे हैं

किन्तु वे
अब भी खड़े हुए हैं,
उन्हें मारने की
तमाम कोशिशों के बाद भी
वे डटे हुए हैं॥

सर्कल के भीतर
कोमल घास पर,
एक बच्चा है सोया,
लगता है
रात भर बहुत है रोया।
हिंसा में
उसके माँ-बाप
मर गए हैं,
उसके नैन डर गए हैं।
पूछ रहा है वह
काँपता हुआ,
डरा हुआ
हाँफता हुआ

अब मेरा कहाँ है घर,
कैसा होगा
आगे का सफ़र
अहिंसा सर्कल पर
ज़िंदगी गई ठहर॥

कविता

तुम्हारे बारे में जब मैं कुछ सोचता हूँ,
तुम्हें कुछ कहने को शब्द खोजता हूँ।
मगर मेरी खोज,
महज़ एक खोज बनकर रह जाती है,
जाने कब-कैसे एक कविता बन जाती है।
मैं नहीं जानता,
पर हाँ मैं सोचता हूँ।

जब सोचता हूँ
कि अभिव्यक्त कर दूँ
पथ की बाधायें
जब सोचता हूँ
कि सुन लूँ
तेरी अनकही पीड़ायें,
शब्दों की बदली
उमड़ आती है दिल के आकाश
और काग़ज़ पर बरस जाती है,
जाने कब-कैसे एक कविता बन जाती है।
मैं नहीं जानता,
पर हाँ मैं सोचता हूँ।

कभी सोचता हूँ
तेरे केशों में उलझा दूँ
अपनी हर सुलझन
कभी सोचता हूँ
तेरे नयनों में डूबा दूँ
अपना तिरता मन।
तुझसे जुदा मैं कैसा
मुझसे जुदा तू कैसा
यह बतलाने को
एक सतरंगी तस्वीर
मस्तिष्क में उभर आती है
जाने कब-कैसे एक कविता बन जाती है।
मैं नहीं जानता,
पर हाँ मैं सोचता हूँ।

आगे बढ़ता हूँ तो
ज़माने के दर्द सालते हैं,
मिलते हैं वे
जो मुफ़लिसी में
स्वयं को पालते हैं।
अपने घर से दूर
पसीना बहाता मजदूर,
खेतों खलिहानों में धान
उसे उगाता किसान,
युद्ध में बेवजह मरते लोग,
सूनी होती कोख,
रिश्ते धीरे-धीरे दम तोड़ते
माँ-बाप मँहगाई में कमर तोड़ते

सब चले आते हैं
झकझोरने मुझे
लगते हैं ज़माने की ओर
मोड़ने मुझे।
और तब
आँखों से बरसने लगते हैं शब्द
एक बाढ़ चित्त की शांति
अपने साथ बहा ले जाती है।
जाने कब-कैसे एक कविता बन जाती है।
मैं नहीं जानता,
पर हाँ मैं सोचता हूँ।

□

एक समय बाद

एक समय बाद
ज़रूरी है कि
हवा में लहराती
अपनी पताकाएँ तुम
ज़मीन में उल्टी गाड़ दो

और
ज़रूरी है यह भी कि
एक समय बाद
तुम सिर के बल
खड़े हो जाओ
और अपनी परछाई से
बड़े हो जाओ।
ज़रूरी है कि
कभी अपने
विचारों के कत्ल में सने
अपने हाथों को
मिट्टी में रगड़ो,
ताल में भरे
मुट्ठी भर पानी को

आईना बना
खुद से झगड़ो॥

नए सिरे से पनपना हो,
नई ताज़गी से सँवरना हो
तो कवायद ज़रूरी है,
सिर को धँसाकर
अपनी मिट्टी में
उसे माँजने की,
गहराई तक
ज़रूरी है
अपने आरम्भ को तलाशने की।

□

अलगाव

मुद्दत हुई
साँझ ढलते ही
गायों के झुंड को
धूल उड़ाते/घर जाते
नहीं देखा

सुबह-सवेरे
रंग-बिरंगे
चहचहाते पंछियों को
कतारबद्ध गगन में
दूर जाते
नहीं देखा
भीगी बारिश में
मयूरों को
पंख फैलाते,
नचते-नचाते
नहीं देखा।

मुद्दत से
मेरी ज़िंदगी में

सुबह, शाम, दोपहर
नहीं होता,
रफ़्तार पकड़ती साँसों का
कहीं ठहर, कोई पहर
नहीं होता।
किताबों में लिखे शब्द
असल ज़िंदगी से मिट गए हैं
क़िस्सों में थे सारे मंजर
जाने कहाँ छिप गए हैं।

मास्टर 'बिटवा' कहकर सिलता था
जो मेरी पोशाक
मोहल्ले का वो बूढ़ा दर्जी
बहुत पहले मर चुका है।
नन्हें से मेरे पाँवों को
ढक देता था जो
मोटी-मोटी ऊंगलियों से सिलकर
सुंदर-सा जूता
वह चर्मकार अपने ज़िंदगी में लगे
पैबंदों से सिहर चुका है।
घर के बाहर चबूतरे पर
नीम की मीठी छाँव तले
कतरता था जो हमारे केशों को
वह नाई अपने ही औज़ारों से डर चुका है।
गली के मोड़ पर
बनिए की उस छोटी-सी दुकान से होकर
रोज़ की ज़रूरतें गुज़रती थी
काँच की बरनी में रखीं
पाँच आने की चार गोलियाँ

बच्चों का मन हरती थीं।
वो बूढ़ा हो चुका बनिया
अब सुस्ताता है
प्यासी निगाहों से
राहगीरों को ताकता है।

ऊँचे-ऊँचे मॉल और शोरूम
सबको निगल गए हैं
सजावटी दर्पणों के पीछे
सामानों के आगे
हम सब पिघल गए हैं।
मशीनों से निकलकर
बना-बनाया सामान है
किसका हुनर, किसके लिए
उसका ना कोई नामोनिशान है।
हम उस बनावटी दुनिया के भीतर
जाते हैं और
अपना सबकुछ लुटाकर भी
एक बनावटी हँसी
साथ ले आते हैं।

बुआ, मौसी, मामा, चाचा के
बच्चों के बच्चे
बड़े हो गए होंगे शायद
कुछ अपने पैरों पर
खड़े हो गए होंगे शायद।
मुझे कुछ ख़बर नहीं है
मेरा तो
अपने घर भी ठहर नहीं है।

मेरी नन्हीं बेटी
पहली बार कब मुस्कराई
खिलौनों की ओर
पहली बार कब उँगली बढ़ाई?
कब ज़िंदगी की ओर
उसने पहला कदम बढ़ाया
छोटे से बर्तन को हाथ में लेकर
कब उसने ज़िंदगी का
पहला बोझ उठाया?
मुझे कुछ ख़बर नहीं है
मेरा तो
अपने घर भी ठहर नहीं है।
मेरी बीबी यह सब
मोबाइल में कैद कर लेती है
वक्त मिलता है तो
मैं उसे देख लेता हूँ
और नन्हीं गुड़िया से कहता हूँ
ऐसा नहीं है कि
मुझे तेरी और तुझे मेरी
ज़रूरत नहीं है
लेकिन क्या करें
यह समझने-समझाने की
फ़ुर्सत नहीं है।

दूसरों के लिए जीना हमने
कभी का बंद कर दिया है
अपनी ज़िंदगी को हमने
मशीन बना लिया है।
साँसें चलती हैं

इसलिए हम चल रहे हैं
स्वांग रच-रचकर ज़िंदगी में
ख़ुद-ख़ुद को छल रहे हैं।
पता नहीं यह ज़िंदगी झूठी है
या किताबों में लिखे शब्द झूठे हैं
साँसों के हमसफ़र तो हैं हम
पर जैसे जिंदगी से रूठे हैं।

□

पलाश

झुलसती धूप में
लालिमा रूप में
किसके लिए तुम
खिल रहे पलाश।

सूरज के अंगारे लिए
पतझर में बहारें लिए
किसके लिए आग से
गले मिल रहे पलाश।

दोपहरी चिलचिलाती हुई
रक्तिमाई देह चिरमिराती हुई,
खिलते घाव लिए
अनोखा बर्ताव लिए,
किसके लिए ख़ामोश
झिलमिला रहे पलाश ।

सड़कें सब शांत हैं
खग सारे क्लान्त हैं
लल फूलों का हार लिए
प्रणय का उपहार लिए
किसके लिए यह विष
तुम लील रहे पलाश।

□

गुलमोहर की पाठशाला

नाना का घर
जहाँ
एक पेड़ है
गुलमोहर,
या यूँ कहूँ
है उनके
ज्ञान की धरोहर।

छुट्टियों में रोज़
शाम वहाँ
लगती थी पाठशाला,
नाना बातों-बातों में
समझाते थे
जीवन का गणित
और
हिसाबों का गड़बड़झाला।

इतिहास की
लम्बी होती थी कहानी,

क्योंकि लम्बे थे
नाना के आँखों देखे
घटित अनुभव,
जिन्हें सुनाते वे
अपनी जुबानी।

उनमें
गांधी, नेहरू, विनोबा
तिलक के क़िस्से थे
इतिहास के
ना जाने कितने हिस्से थे।

गुलमोहर के नीचे
पाठशाला में
राजनीति का
हर विचार था,
साहित्य का अंबार था।
झगड़े भी थे,
मसले भी थे,
पर सुलझा देता था वह
जो
नाना में भरा इंसानी
प्यार था॥

नाना की गुलमोहर
की पाठशाला ने
सब कुछ सिखाया हमको,
सच कहूँ तो
उस ज्ञाननिधी ने

आगे बढ़ाया हमको
हर कठिनाइयों में
जिताया हमको॥

अब ना आँगन में
गुलमोहर खड़े हैं
ना घर में
नाना जैसे
अनुभव बड़े हैं

जो थोड़े बहुत
गुलमोहर बचे हैं
संकीर्णताओ में धँसे हैं
धन के विस्तार में फँसे हैं

चलो नाना सरीखे
लोग ढूँढ़ लायें
हर आँगन
एक गुलमोहर लगायें॥

□

थोड़ा झूठ बोल दिया

चाय मुझे फीकी पीनी थी
पर उसमें बहुत चीनी थी,
उसने अपना सारा प्यार
घोल दिया,
मैंने
थोड़ा झूठ बोल दिया,
पूछा चाय अच्छी है ना,
मैं बोला
हाँ उतनी ही
जितनी तू सच्ची है ना।।

लम्हा बहुत उलझन का था,
अंत समीप जीवन का था।
बहुत पूछा उसने
बहुत ज़ोर दिया,
मैंने
थोड़ा झूठ बोल दिया,
अभी छूने को आसमान
बाकी है,
तेरे सामने खाली मैदान

काफ़ी है।
तू उड़ता हुआ परिन्दा है
उड़ कि तू अभी जिन्दा है,

तेरी उड़ान के आगे
हर बीमारी
शर्मिन्दा है।।

सोचा उसे सब
सच कह देता,
फिर जो होता
वह सह लेता।
भीतर जो है
उसके सामने बोल देता,
मन की गाँठें खोल देता,
पर जाने
किस आशंका ने रोक लिया
मैंने
थोड़ा झूठ बोल दिया,
मैं तुमसे नाराज़ नहीं हूँ,
तुमसे छुप जाऊँ
ऐसा कोई राज नहीं हूँ,
जो तू ना निभाए
और मुझे बुरा लग जाए
मैं ऐसा रिवाज नहीं हूँ।।

वो दिन भी क्या दिन थे
जो संघर्षों में बीते थे,
भूख ओढ़ते और दर्द पीते थे,

अकेले में खुद को समेटे
क्या बतलाएँ कैसे जीते थे।
कैसे हो
पूछने को माँ-बाबा ने कॉल किया
मैंने
थोड़ा झूठ बोल दिया,
मस्त हूँ,
काम में थोड़ा व्यस्त हूँ,
देख माँ
तेरे बिना भी मैं स्वस्थ हूँ।
जवाब मिला
झूठ बोलते हुए भी
तू कितना सच्चा है,
पर तू हमारा बच्चा है।
झूठ बोलते
तेरी आवाज़ कंपकंपाती है,
जाने किस भय को
अपने भीतर दबाती है,
झूठ बोलता जुबां से,
पर सच बोलती आँखें
डबडबाती हैं।
पैसे ना हो जेब में
तो माँग लेना,
डर लगे हालातों से
आकर हमारा हाथ थाम लेना।
झूठ बोलने से
सच थोडी देर टल जाता है,
लेकिन सच सामने
आज नहीं तो कल आता है

पर थोड़ा झूठ,
थोड़ी-सी देर सही
दुख को टाल दे
और खुशी को चाल दे,
तो चलो
थोड़ा झूठ बोला जाये
उसकी चाशनी में
फिर
धीरे-धीरे सच घोला जाये।।

□

झील का विद्रोह

शहर की इकलौती झील
विद्रोह कर बैठी,
गुस्से में ऐसी ऐंठी,
सूखा दिया उसने
अपना पानी,
बोली
तुम मिटाओ धीरे-धीरे
उससे पहले
मैं मिटाती अपनी निशानी।।

छोटे-छोटे
बत्तखों की शैतानी,
सुनहरी मछलियाँ
जो आ किनारे
खाती दाना पानी,
बीच नावों में गुज़रते
बच्चों की नादानी
सारी अब ख़त्म कहानी।।
सुबह शाम का
घूमना फिरना,

चारों ओर
ठंडी हवा का चलना।

बैठ किनारे
रूठे दिलों का मिलना,
और बेचैन मनों में
प्यार के
गुलों का खिलना।
खोमचे वाले से
ले लेकर खाना,
हवाओं संग
कश्तियों का गीत गाना,
यह सिलसिला टूट गया
झील का पानी सूख गया।।

शहर का सारा विष
उसने पान किया,
काला पानी सब
तुमने उसको दान किया।
कूड़ा करकट
उसके किनारे निगलने लगे,
उसके आसरे बैठे
खग विहग भी दहलने लगे।
बनाते सुंदर-सुंदर मकान
तुमने उसकी सुंदरता
ख़त्म कर दी,
घेरकर उसकी ज़मीन
उसकी सीमा
कम कर दी।

इतने पर भी
तीनों ओर
देख उन पहाड़ों को
वह ज़िन्दा थी,
जिनकी कोख
उजड़े पेड़ों से
शर्मिन्दा थी।
पर आज
भूखे-प्यासे,
बेकार बैठे नौजवानों की
लाशों से
वह बोझिल हो गई
और
झील
आँखों से ओझल हो गई।।

कर्फ़्यू के बीच

एहसासों की कब्र में
जज़्बात हो गए दफ़न।
आदमियत सो गई आज
ओढ़े हुए कफ़न।।

शहर का था जो एक मालिक,
कहीं राम कहीं अल्लाह हो गया।
नफ़रत का एक जलजला उठा
जो हिंसा के बीज बो गया।।

मुफ़लिसों के भूखे बच्चे,
दूध को ही रोते रहे।
मुन्ने की चीख़ें गूँजी बहुत
बाज़ार सारे सोते रहे।।

बारात का बाट जोहती आँखें
अर्थियों पर रोती रहीं।
नफ़रत की चादर ओढ़े
अंधी आँखें सोती रहीं।।
आज़ाद गलियों का था बासिंदा,

अब सहमा हुआ, डरा हुआ।
खुले आकाश का था परिन्दा,
पंख-पंख अब कटा हुआ।।

शातिर इस बिसात पर
जाने क्या-क्या जीत गया?
हमने उनको रोते देखा,
जिनका अपना मनमीत गया।।

मेरे शहर में खून बरसा,
चप्पा-चप्पा हिल गया,
दिल्ली में अट्टहास गूँजें
उसे लूटने को
फिर एक खजाना मिल गया।।

जयघोषों के उस शोर में,
ना रहीम मिला, ना राम मिला।
टुकड़ों-टुकड़ों में चीरा हुआ,
एक आदमी आम मिला।।

☐

एक नंबर का मकान

लॉटरी निकली तो
वह झूम उठा
अपनी जगह से
वह घूम उठा,
अटकी हुई थी
जो अब तक
अब आई जान
आख़िर निकल गया उसके
एक नंबर का मकान

ख़्वाहिश थी उसकी
कि
लाईन की शुरुआत
उसी से हो,
चाहे बाद उसके
कितने भी मकान
खुशी से हो।
सब निकले उससे
दुआ सलाम करते हुए,

नेम प्लेट पर
उसका नाम तकते हुए।

एक ओर मुख्य सड़क
दूसरी ओर गली की सड़क
दो सड़क वाला हुआ
एक नंबर का मकान,
नीचे माले पर
निकाल ली उसने
दुकान ही दुकान।
अब घर के नीचे
बाज़ार लगने लगा
चौराहा लोगों से
सजने लगा।

साल दो साल
गुज़रने के बाद
कहने लगा
एक नंबर का मकान
आफ़तों का अंबार है,
निजता पर
कड़ा प्रहार है।
हर कोई आता जाता
मेरे भीतर तक
झाँकता है,
बेड रूम तक
ललचायी नज़रों से
ताकता है।।

मैं कब, कहाँ, क्यों
जाता हूँ,
सबकी नज़र में है,
क्या पक रहा है
और क्या
भोजन दोपहर में है
सब जानते हैं
बाज़ार के सामान समझ
घर के हर शख़्स को
निहारते हैं।।

बाहर चौराहे पर
जो जमघट है,
ख़तरों की आहट है।
पता नहीं कौन, क्या
टोह ले रहा है
पता नहीं किसकी
बाट जोह ले रहा है।
हमेशा मन में एक
डर है
बमुश्किल एक नंबर
में ठहर है।
मैंने कहा
ये सब एक नंबर पर
रहने की कीमतें हैं
जो तुम्हें चुकानी है,
यदि
दुनिया अपने कदमों में

झुकानी है
तो भूल जाओ
तुम्हारा कुछ अपना है,
निजता बस एक सपना है।।
याद यह भी रखना
लाईन में जब
धक्का लगता है,
एक नंबर वाला ही
सबसे पहले
मुँह के बल गिरता है,
और
मिट्टी में मिलता है।।

एक कप चाय

एक कप
चाय के लिए
है वह परेशान,
जैसे
अटकी हुई है जान।
कई अनायास
बैठे डर हैं
उसके भीतर,
जिनसे है वह अंजान।

बंद पड़ी है
चाय की थड़ियाँ
जहाँ
बिकती थी चाय
धड़ल्ले से।
चुप है सारी सड़कें,
चौराहे चुप हैं,
कहीं कोई आवाज़
आती नहीं
गली मुहल्ले से।

बात केवल नहीं है
चाय पीने पिलाने की,
बात है
दोस्तों के साथ
गप्प लगाने की,
खिलखिलाने की,
सारी परेशानियाँ
भूल जाने की।

वो छोटे से
काग़ज़ के कप में
दो घूँट पीते हुए,
दो पल की
ख़ुशियाँ जीते हुए,
लगता है
सारे ग़म उबालकर
चुस्की-चुस्की पीए जा सकते हैं।
कड़वी पत्ती में
चीनी डालकर
मिष्टी मिष्टी जीए जा सकते हैं।

एक कप चाय
ज़ायक़ा बदलती है
दिन का,
जो एक सरीखा
गुज़र जाता है
और लौटकर
अगली सुबह

फिर उसी राह
चला आता है।

फिर वही भागदौड़,
खोने-पाने का जोड़-तोड़,
रूठने-मनाने,
एक दूजे से आगे
निकल जाने की होड़।
एक कप चाय
थोड़ी देर के लिए
रोक देती है यह सब
और
देती है अवसर
सोचने का,
सही रास्ता खोजने का।

आज जीवन में जब
सब कुछ रुका-सा है,
निराशा भरी ख़बरों से
सब कुछ थका-सा है,
वह निकला है
चाय पीकर घर से
और बाहर
तलाश रहा है
एक कप चाय
जो ज़ायक़ा बदल दे,
सब कुछ जो
रुका-सा है
फिर से चल दे।

पर
स्पर्श का सवाल आते ही
वह संभालता है
डर को,
लौटता है
घर को
और कहता है पत्नी से
बना दो ना
एक कप चाय।

□

होर्डिंग

गली के बाहर
नुक्कड़ पर,
बीस गुणा बीस का
एक होर्डिंग
रोज़ मेरी आँखों में
चढ़ आता है,
भीतर तक
जला जाता है।

हर सप्ताह
तस्वीरें और नाम
बदलते हैं
किन्तु उन पर
उकेरे संदेश
एक सरीखे
छलते हैं।

एक बड़ी फ्रेम में
शेर-सा झाँकता
आदमी,

छोटी-छोटी फ्रेमों में
कैद
बीसियों चूहों से
बधाइयाँ पाकर
गर्वित है।
और चूहे
बधाइयाँ देकर
हर्षित हैं।

इतने भर से
चूहों को लगता है
कि उन्होंने
जंगल के राजा को
अपना बना लिया है
और अब
सारे गैर कानूनी काम
करने का
कानूनी अधिकार पा लिया है।

मैं डरता हूँ कि
ये सारे चूहे
यदि होर्डिंग से
बाहर निकल आयेंगे
और समाज में
बिखर जायेंगे
तो ये क्या-क्या
नहीं कुतरेंगे,
कानून, विधान, न्याय
और

संभव है
इनके रक्षक भी
चूहों के समर्थन में उतरेंगे।।

सोचता हूँ कि
राजा से कहा जाए
कि भारी भरकम
होर्डिंग से बचा जाए।
क्योंकि
जब आंधी चलेगी
होर्डिंग की जड़ें हिलेंगी।
होर्डिंग जब
ज़मीन पर गिरेगा तो
तुम्हारी तस्वीरों के साथ
ना जाने क्या-क्या
मिट्टी में मिलेगा।।

□

चटक लाल रंग

चटक लाल रंग ले
सूरज चढ़ा आसमाँ
चटक लाल रंग ले
मशालों का बढ़ा कारवाँ।

चटक लाल रंग ले
खिलता रहा पलाश
चटक लाल रंग ले
चूल्हे में जलती रही आग॥

चटक लाल रंग ले
ओढ़नी ओढ़ी राधा गोरी
चटक लाल रंग उभरा
जब श्याम ने बहियाँ मरोरी॥

चटक लाल रंग ले
धड़कता रहा है दिल
चटक लाल रंग ले
इतिहास हुआ बोझिल॥

चटक लाल रंग मुझसे
छूटे नहीं अब छूटता
तेरी-मेरी शिराओं में
लहू का धागा नहीं टूटता॥

मैं छोड़ूँ भी तो वो
बहता है मेरे अंग-अंग में
हर रात के बाद हुई सुबह
चटक लाल रंग में।

□

अपने-अपने आकाश

सबके अपने-अपने
कितने आकाश
हर कोई रखता
अपने पास
अपना एक आकाश।

कोई ढूँढ़ता उसमें
अपने किसी टूटे सितारे को
बिछड़े हुए सहारे को।

तो कोई ढूँढ़ता
चाँद में अपनी महबूबा,
रहना चाहता
उसकी चाँदनी में डूबा।

कोई ताकता आकाश
कि कब लाएगा
वह मेघ मेरे द्वार
और गाएगा मल्हार।

कोई तपती दोपहरी
तपते बदन, नंगे पाँव
नापता है जब गाँव
और चाहता है छाँव
तो निहारता है आकाश
छुपा ले वो सूरज काश।

गरीब के छप्पर में से
झाँकता चाँद
उसे देता है दिलासा,
वह छोड़ता नहीं आशा।
लगता है उसे कि
सिमट आएगा एक दिन
मेरी बाँहों में
मुट्ठी भर आकाश।
लेकिन होती है जब
छप्पर फाड़
आफ़तों की बारिश
करता है वह
अपने ही आकाश से गुज़ारिश
या तो थाम अपना क़हर
या दे दे मुझे ज़हर।

मैं भी एक आकाश तलाशता हूँ
जिसमें सूरज की हो
तपिश
गम पिघलाने को,

चाँद की हो भीनी
चाँदनी
अंधेरे मिटाने को।

मेरे उस आकाश में
तारों की एक चादर
झिलमिल करती हो,
एक जगह हो
उस आकाश में
जहाँ केवल तू
रोज़ मुझसे मिलती हो।

□

आभासी संसार

चेहरे ढँकते
दिल की बातों को,
फरेब करते बिसराकर
मोहब्बत में किये वादों को।
नकाब पहने
सामने आते रंगा सियार,
उंगलियों पर नाचता
इक आभासी संसार।।

मैंने पूछा, ना पूछा,
पर उसने बता दिया,
अपना अधकचरा ज्ञान
बिन माँगे जता दिया।
सच मानकर उसे
मैंने आगे बढ़ा दिया।।
आधे सच में
आधा झूठ मिल गया,
अर्द्धसत्य के कीचड़ में
ज्ञान कमल खिल गया।।
अज्ञानियों के इस महासमर में

झूठ का व्यापार,
उंगलियों पर नाचता
इक आभासी संसार।।

इस गुफ़ा में है जो अंधेरा,
उस पर नासमझी का पहरा।
रोशनी डालने की कोशिश करना
मतलब लाख गालियाँ अपने नाम करना।
सब एक सरीखे हो गए हैं,
चेहरों के बीच चेहरे खो गए हैं।
चेहरों के महासमुद्र में ढूँढ़ता
हर कोई पहचान का आधार,
उंगलियों पर नाचता
इक आभासी संसार।।

आभासी संसार में
रहते-रहते,
आधा सच- आधा झूठ
कहते-कहते,
उँगलियाँ जब थक जाये,
दिमाग़ जब रुक जाए,
लौटकर आना अपनी दुनिया,
जहाँ रहती प्यारी बीबी
और रहती दुलारी मुनिया।
लौटकर आना कि
बूढ़ी माँ का चश्मा है लाना,
बाबूजी को डॉक्टर के पास है ले जाना।
अपनों के साथ
कल घूमने जाने का वादा है,

करना है वह भी तो
जो ज़िंदगी से किया वादा है।
फिर अभी
उस बस्ती के अंधेरे भी टटोलने हैं,
उसके बंद रास्ते भी तो खोलने हैं
जहाँ मोबाइल की टॉर्च से रोशनी नहीं होती,
आभासी दुनिया के,
आभासी सपनों की चाशनी नहीं होती।।

□

गाड़ी की चाबी

जब से तुम गये हो
कभी नहीं लौट आने के लिए
अनंत पथ पर
होकर सवार मोक्ष रथ पर।
घर के आहते में खड़ी
स्थिर और गतिहीन तुम्हारी गाड़ी
हम सभी को करती बोझिल।
तुम्हारे साथ कटे सफ़र को
याद कर भर आता है दिल।।

हमारी गति हमारे वश में कहाँ
इसलिए चलना पड़ता है
हर आती जाती श्वास के साथ
तुम्हारी यादों और बातों के साथ।
पर उसकी गति बसी है
दरवाज़े के पीछे 'की' स्टेण्ड पर
तुम्हारे नाम वाले छल्ले में लगी
चाबी से,
दरवाज़ा खोलते ही दिमाग़ में
साथ छल्ले के तुम्हारा नाम घूमता है,

अनंत शून्य में यह घर तुम्हें ढूँढ़ता है।
नहीं समर्थ कोई कि
छूले उस चाबी को,
और दे गति गाड़ी को।

बड़े दिनों बाद
पिताजी ने कहा तो
पड़ोस वाले मुन्ना को
चाबी दे आया हूँ,
कह आया हूँ
स्टियरिंग संभाल ले
तुम्हारी गाड़ी का और
रखे गतिमान उसे बहती हवाओं के साथ।
बजने दे तुम्हारे पसंदीदा नगमें
रेडियो पर चलती कथाओं के साथ
सुनकर जिन्हें
शायद तुम लौट आओ
बीच सफ़र मिल जाओ।।

स्पर्श

तुम्हारे जाने के बाद
डराता है स्पर्श...
स्पर्श हवाओं का,
तुम्हारी शेष रह गई
दवाओं का।

डराता है स्पर्श
दीवार से
टकराकर लौटती
तुम्हारे नाम की आवाज़ों का,
तुम्हारे पीछे अधूरे छूटे रिवाजों का।

डराता है स्पर्श
उस घड़ी का जिसकी सूईयाँ
तुम्हारे जाने के बाद से
आराम कर रही है,
तुमसे जुड़ी हर चीज़
जीना हराम कर रही है।

अब तुम बताओ
स्पर्श से बचकर कहाँ जाऊँ
तुम्हें कैसे भूलाऊँ,
तुम्हीं बतलाओ कोई राह
कि इस डर से जीत जाऊँ।

□

बाढ़

इस बार बाढ़ बनकर
आई थी मौत,
गाँव के हर घर में
इठलाती हुई
सर्पीली बलखाती हुई
घुस आई थी मौत
हर गली-शहर में।

हर आँगन में
दर्दनाक नाच था उसका,
श्वासों को हराता
रोबदार अंदाज़ था उसका।
कलेजा फाड़कर
आँखें बरसतीं रहीं,
अनगिनत लाशें
अपनों के हाथों को तरसती रहीं।
डूब गया था सबकुछ
बाढ़ के अंधेरे में,
पौ फटी तो

सब कैद था
चारदीवारी के घेरे में।

कितना कमाया
उसने नहीं पूछा,
कितना गँवाया
उसने नहीं पूछा
नहीं पूछा उसने
मज़हब कौन है,
तेरा रब कौन है?
जाति की औकात से
नहीं डरी वह,
हर चकाचौंध, हर तरक्की से लड़ी वह।

वह लौट-लौटकर आती रही
डायन बनकर खाती रही।
पानी उतरा तो
माँ ने संभाले अपने बच्चे
पिता ने अपने ख़र्चे,
सब दौड़ पड़े फिर
कमाने-धमाने,
सन्नाटे को चीरता पुनः
शोर लगा था आने-जाने।

बाढ़ फिर डरा रही थी
दूर ऊँचे टीले पर बैठी सरकार
जश्न मना रही थी।
उसने आपदा को था

बदला अवसर में
सफ़ेदपोश पिशाचों ने
कालेधन वालों से मिल
सफ़ेद कफ़न भेजे थे
हर घर में॥

बाबूजी का मकान

जिसकी दीवार पर टंगती थी थकान,
बाबूजी के पसीने से सींचा वो मकान,
टूटा-फूटा खंडहर होकर
अब भी खड़ा है,
समय के बवंडर से
निडर होकर लड़ा है।
लौटकर हर रात नींद में
मैं वहीं चला जाता हूँ,
चौक में लगे आम-अमरूद के पेड़ों से
बचपन चुरा लाता हूँ।
रसोई के आहते में माँ ने
छुपाये थे जो पकवान पूजा के लिए,
मैं फिर चुराकर खाता हूँ।

कब तक संभलती बाबूजी की बुनी दीवारें,
बदलते वक्त के साथ आ ही गई दरारें,
ढहते पत्थरों की आवाज़ें
मुझे सोने नहीं देतीं,
दफ़न हो गया जिसमें बचपन,
उस मकान की चौखट
मेरी जड़ों को खोने नहीं देती॥

भीड़ में

पगडंडियों पर नहीं
बीच सड़क पर
दौड़ना चाहता है
अब आदमी
इसीलिए या तो
खो जाता है
भीड़ में
या फिर
कुचला जाता है।

□

भीड़ के स्वर में

वह
ईमानदार भी है
सत्यवादी
और अतिसम्मानित भी
क्योंकि
वह भीड़ के बीच रहता है
भीड़ के स्वर में
स्वर मिला कुछ कहता है
जानता है कि
भीड़ से पृथक हुआ
या भीड़ से बोला अलग
तो
पागल करार देगी
उसे
यही भीड़।
मैं कब से
अपने पागलपन पर
गर्व किये
अकेले बैठा हूँ।
यदाकदा होता हूँ
भीड़ के बीच
पर तन्हा रहता हूँ।

□

भीड़ के बीच

भीड़ के बीच
मरा वह
किन्तु चुप्पी थी
निश्चित ही
भीड़ की शिराओं में
पानी तो नहीं था
किन्तु रक्त था तो
चुप्पी क्यों?

भीड़ से पृथक

भीड़ से पृथक
दिखने की आकांक्षा
के मद में
इतने चूर हो गए
किसी के करीब
हुए
ना हुए
किन्तु स्वयं से
दूर हो गए।
हौंसले तब भी हैं
आकांक्षायें अब भी हैं।

□

आधा-आधा

जीवन में मेरे उजियारा फैलाने वाले
चीर अंधेरा नया सवेरा ले आने वाले
आधा समुन्दर पार किया, आधा अभी बाकी है
कट जाएगी रात सारी, जब तू मेरा साथी है।

उलझनें जीवन की तू मेरी, केशों सम सुलझाए
बनी दीपशिखा तुम जब, आंधियों ने दीप बुझाए।
निराशा के घोर तम में, जीवन दीप जलाने वाले
दर्द के पहाड़ों को स्नेह-मोम से पिघलाने वाले
तू मेरा हर ग़म अपने संग ले जाती है
रात आधी बात आधी, बात आधी बाकी है,

आधा समुन्दर पार किया, आधा अभी बाकी है
कट जाएगी रात सारी, जब तू मेरा साथी है।

अमावस की घोर निशा में, चाँदनी बिखेरे तेरा चेहरा
भीषण आतप के दिनों में, कशों की छाया का पहरा।
बरसते अश्रु की बूंदों को, अधरों से सुखाने वाले
पीड़ाओं के दावानल को, देह देकर बुझाने वाले

साँसों को आवाज़ देकर साँसें जब बुलाती हैं,
आधी-आधी साँसें मिलकर, देह पूर्ण बन जाती है।

आधा समुन्दर पार किया, आधा अभी बाकी है
कट जाएगी रात सारी जब तू मेरा साथी है।

तेरी राह पकड़ चलने को, राजी मेरा मन अभिमानी
अचरज मेरे मन ने देखो, तेरे संग-संग चलने की ठानी।
टेढ़े-मेढ़े, ऊँचे-नीचे पथ, मेरे हित समतल बनाने वाले
जब भी मैं गिरा राहों पर, बढ़ाकर हाथ उठाने वाले
राह कठिन बहुत है मेरी, पर तू संग चली आती है
इन हमकदमों की आहट से, मंजिल भी घबराती है।

आधा समुन्दर पार किया, आधा अभी बाकी है
कट जाएगी रात सारी जब तू मेरा साथी है।

धीरे-धीरे

धीरे-धीरे है गुज़रती
ज़िंदगी अपनी चाल है चलती,
बेसब्र क्यों होता है प्यारे
पोछ डाल अश्रु ये सारे,
हर शाम की सुबह निकलती
ग़मों की रात भी है ढलती।

वो जो बदलियों-सी जुल्फ़े हैं
हर सुबह बँधती है- सँवरती है,
स्याह अंधेरों के फ़ेरो में
बाजुओं पर ढलती है- उतरती है,
वो जो चाँद-सा निकलता है
हया में मोम-सा पिघलता है,
उस गोरी के बनने और सँवरने में
इंतजार की घड़ियाँ है कटती,
धीरे-धीरे है गुज़रती
ज़िंदगी अपनी चाल है चलती,
बेसब्र क्यों होता है प्यारे
पोछ डाल अश्रु ये सारे,

हर शाम की सुबह निकलती
ग़मों की रात भी है ढलती।

उम्मीदों की गठरी लिए
बनकर बंजारा-सा घूमता है,
बादल जब बरसता है
हलधर बावरा-सा झूमता है,
धरती में बोकर सपनों को
बादल की राह तकता है,
टपरी से चाँद का मुखड़ा भी
तब बेहया-सा लगता है,
उम्मीदों की फ़सल फिर भी
हर मौसम जमीं में है रुपती,
धीरे-धीरे है गुज़रती
ज़िंदगी अपनी चाल है चलती,
बेसब्र क्यों होता है प्यारे
पोछ डाल अश्रु ये सारे,
हर शाम की सुबह निकलती
ग़मों की रात भी है ढलती।

बिना रुके जो दो घड़ी
लगा रहा अपने काम पर,
हर फ़िक्र को उड़ा धुएँ में
शाम झूमा वो जाम भर,
वह जो हथौड़े चलाता है
सपनों के महल बनाता है,
चोट हथौड़े की
उसकी देह पर है पड़ती,

पर हाय रे जुबां से उसकी
उफ़ तक नहीं है निकलती,
धीरे-धीरे है गुज़रती
जिंदगी अपनी चाल है चलती,
बेसब्र क्यों होता है प्यारे
पोछ डाल अश्रु ये सारे,
हर शाम की सुबह निकलती
ग़मों की रात भी है ढलती।

एक मकान

मेरे सपनों में
एक मकान
रोज़ घूमता है,
मुझमें अपने ही
किसी पत्थर को
ढूँढ़ता है।

मकान का हर कोना
टूट गया है,
वृद्ध दम्पत्ति सरीखा मकान
जिसका हर बेटा
रूठ गया है।

सब कुछ
अलग-अलग हुआ है,
थोड़ा-सा चुना है
जो बचा हुआ है।

दीवारों में दरारें हैं
बीच खड़े खम्भे
बस सहारे हैं।

वो भी जाने कब
गिर जाए
और यह इमारत
मिट्टी हो जाए।
सपना नहीं टूटता
पर मकान टूटता है,
तपाक से कोई हाथ
जो अब तक संभाले था मुझे,
हाथ से छूटता है।

मलबे में बहुत कुछ
दब गया है,
पिता का साया,
माँ का आँचल,
भाई का लड़कपन,
बहन का काजल।
पापा की लायी
साइकिल पहली,
माँ की बनाई
वो जर्सी पहली,
भाई ने दिलाई
जो बाइक पहली,
बहना की लायी
वो क़मीज़ पहली।

सपना टूटा नहीं
मकान टूट गया है
बहुत कुछ दब गया है
पर सपना
अनवरत है
जाने क्या रह गया है
उस बिखरे हुए जहान में,
टूटे हुए मकान में।

□

गति

यह पंछी
जो मुक्त होकर
उन्मुक्त आकाश की
सीमाएँ लाँघने की असफल
कोशिश में है,
थककर जमीन पर लौटता है।
अगली सुबह फिर
इम्तिहान देने,
अरूणिमा प्रभात की
बाट जोहता है।
उसकी ज़िंदगी
ऐसे ही बसर होती है,
हर उड़ान में
उम्मीदों भरी लहर होती है।

किन्तु एक दिन आता है
जब वह
तपती मरुभूमि पर
धड़ाम से गिरता है।
दूर आकाश में इन्द्रधनुष,

किन्तु उसकी
आँखों से पानी बरसता है।
ज़िंदगी कुछ यूँ
कहर ढाती है,
पंख काम नहीं करते
उड़ान ठहर जाती है।
उस दिन एहसास
होता है
जीवन तो गति के सहारे है,
पंख है तो
सारे सपने हमारे हैं।
पंख बिखरे,
गति टूटी।
सपने टूटे,
ज़िंदगी रूठी,
परबस जीवन
मुक्ति झूठी॥

☐

अतीत को पढ़ना

बड़ा उबाऊ होता है
अतीत को बार-बार पढ़ना
धुंधले दर्पण में
अपने चेहरे को बार-बार गढ़ना।

फिर भी
अतीत के पन्नों के कुछ शब्द
कभी पुराने नहीं होते
कुछ क़िस्से
कभी गुज़रे ज़माने नहीं होते
उनमें हमेशा
एक नई जवानी होती है
उनमें छिपे होते हैं वे बिन्दु
जिनसे आरम्भ
फिर एक नई कहानी होती है।

कुछ चेहरे
समय की रेत के नीचे
दबकर धुंधले नहीं होते
स्मृति पर उभर आती हैं कई परतें

किन्तु कुछ चेहरे
कभी मैले नहीं होते
उतनी ही नई होती है
उनकी उजास
जैसे होती है नई
हर आती हुई श्वास।

हमारे दिलों में
अतीत की जो बसावट है
वह चाहत भरे शब्दों की बुनावट है
उनमें संबंधों की कसावट है
साथ-साथ हँसने-रोने की आहट है।

शायद इसीलिए
कुछ गुज़रे हुए किस्से
ज़िंदगी की किताब के
कुछ हिस्से
कभी नहीं होते पुराने
हम भूलना चाहें तो भी
कारवाँ बनकर चले आते हैं वो
हमें ही हमसे चुराने।

आख़िर हम
उन्हीं शब्दों, उन्हीं लम्हों
उन्हीं क़िस्सों, उन्हीं चेहरों
के सहारे
आने वाला कल सँवारते हैं
सपनों की दुनिया निखारते हैं
और यूँ ही
तमाम उम्र गुज़ारते हैं।

☐

निश्चेतना

सुन्न पड़ा शरीर
इंतजार में है,
कोई आये
और ऐसा नश्तर चुभाये
कि
भीतर-बाहर ज़ोरों की
झनझनाहट हो।

कोई पर्वतों से
दे मारे, कब से
इन ठहरे बादलों को
कि
झूमकर बरसे ये
और दूर इनकी
थकावट हो।

बंद पिंजरे में पंछी
छटपटाता है,
कोशिश करता है
उड़ने की

पर गिरता है, घबराता है।
उसे अस्वीकार्य हैं बंधन
किन्तु परिस्थितियों के प्रति
उसका मौन समर्पण,
कई विचारों से टकराता है॥

वह सोचता है
कोई आयेगा, पिंजरा खोलेगा
और वह उड़ जायेगा।
घटा बनकर उमड़ेंगे
उसके शब्द
और वह खुले आसमां में
बरस जायेगा॥

पर कोई नहीं आता,
कोई उसके
मुक्ति गान को
समझ नहीं पाता।
एक दिन
उसके भीतर उठता है
एक तूफ़ान
जो भर देता है
उसके कटे
पंखों में जान।
और
ले उड़ता है
आकाश में
लिए पिंजरा
अपने साथ में॥

नए क़िस्म का आदमी

वह जब से
भीड़ के स्वर में
स्वर मिला
बोलना सीख गया,
नोटों को हाथों से
तोलना सीख गया।

नया इल्म
हासिल कर लिया उसने,
दो और दो का जोड़
पाँच बतलाता है,
बड़ी सफ़ाई से
झूठ को सच बना
अपनी चतुराई दिखलाता है।

अपने भेद छुपा जाता है
बड़ी आसानी से
पर दूसरों के भेद
खोल देता है
बनी-बनाई कहानी से,

वह पानी का रुख
मोड़ना सीख गया है,
हर साथ को पीछे
छोड़ना सीख गया है॥

यह नए क़िस्म का
आदमी है,
सफ़र में बहुत आगे निकल गया है,
रूसो का हिसाबी बुद्धि वाला
आदमी है यह,
अपनी मूल प्रकृति से फिसल गया है॥

❐

अनगिनत आकांक्षायें

मेरे हाथ में
रहता है एक खंजर
जो छापता है
मेरे हृदय अख़बार पर
बार-बार
एक ख़बर
कि पिता ने की हत्या
अपने ही शिशु की।

हृदय भूमि पर
अनगिनत आकांक्षायें
रोपी मैंने
या कि रोप दी गई,
कुछ मन की थी
कुछ थोप दी गई।

इन आकांक्षाओं को
शिशुवत पाला मैंने,
जीवन को इनके
अनुरूप ढाला मैंने।

एक पकी
दूसरी जगी,
सबको सींचा, बड़ा किया
उनके लिए
हर संकट से लड़ा किया।

किन्तु कब तक...
आख़िर साधनों की सीमा
का खंजर है
हाथ में,
कब तक जिएँ
जज़्बात में।
चल जाता है
अपने ही शिशुओं पर
खंजर बार-बार,
जाओ चली जाओ
कामनाओं, आकांक्षाओं, इच्छाओं
अब मत आओ
मेरे द्वार।

मुझे मालूम है
ऐसा होगा नहीं
तुम्हारे बिना भी
जीना होगा नहीं।
इसलिए आओ
चली आओ
अगर
मेरे हाथ में
जो है यह खंजर
उससे नहीं
लगे तुम्हें डर।

□

बेमौसम के बादल

आज फिर
मेरे शहर के आसमां पर
उमड़ आई भीड़
बेमौसम बादलों की।
कड़क रहीं हैं
बिजलियाँ नफ़रतों की,
गूँज रही हैं आवाज़ें
अर्थहीन नारों की॥

चेहरे को चेहरा
नज़र नहीं आता,
ऐसा घुप्प अंधेरा है।
गूँजते नारों के बीच
कुछ सुनाई नहीं देता,
सारा वातावरण बहरा है॥

जमीं इस डर से
कंपकंपा रही है,
उसे यह चिंता
सता रही है-

मदमस्त इंद्र के हुक्म की गुलाम
दिमाग़ी तौर से दिवालिया
बादलों की यह भीड़
बेरहम होकर बरसेगी
तो सबकुछ बह जायेगा,
बरसों के अथक परिश्रम से
जो बसा था,
सबकुछ ढह जायेगा॥

इस भीड़ से कुछ
सवालात हैं बासिंदों के,
धरती की कोख से
अन्न उपजाने वाले किसानों के,
श्रम करने वाले कारिन्दों के।
तुम उस वक्त कहाँ थे
जब पानी नहीं था
खड़ी फसलों के लिए,
अन्न नहीं था
पशु-पक्षी दलों के लिए,
काम नहीं था हुनरमंद निर्बलों के लिए॥

हमने तुम्हारे
इन्द्र से बहुत गुहार लगाई,
अपनी पीड़ा उसे बताई
पर वह सत्ता के मद में
चूर था,
हमारा दर्द उससे कोसों दूर था
और तुम
उसकी भक्ति में आकंठ डूबे रहे,

अपनी शक्ति को
राजा के गिरवे रख
उसकी ओट में छुपे रहे॥

आज कौन-सा धर्म निभाने
आए हो भाई,
आज फिर
कौन-से कुरूक्षेत्र की दुहाई।
तुम्हारा धर्म
बसाना- उपजाना- सँवारना है
या कि
मिटाना- उखाड़ना- बिगाड़ना॥

तुम आए हो मेरे शहर
भीड़ बनकर बरसने के लिए
तो आओ अपना धर्म निभाओ
बरस जाओ।
पर पहले अपना धर्म तय तो करो
दूसरों पर जय से पहले
खुद पर जय तो करो॥

□

दरख़्त

गहरी धूप में
घनी छाँव बनकर
जो खड़ा था
बरसों तक
आग उगलते उस सूरज से
तुम्हारे लिए जो लड़ा था
आज तुमने
उस दरख़्त की जड़ें काट दी
डालियाँ उसकी
टुकड़ों-टुकड़ों में बाँट दी
कल तक
जब तुम थककर
चूर हो जाया करते थे
भीषण गर्मी में झुलस जाया करते थे
इसकी सरसराहटें
लोरियाँ सुनाती थी
आती-जाती साँसें
चैन की बंसी बजाती थी
और तुम लिपटकर इसकी छाँव से
घंटों सो जाया करते थे

आज तुमने उसी को दुत्कार दिया
उसी की जड़ों पर वार किया
यह गलती उसकी थी कि
उम्र भर तुम्हारे लिए
आग के उस गोले से लड़ता रहा
तुम्हें साँसें देता रहा
किन्तु स्वयं तिल-तिल मरता रहा

तुम कभी इसकी जड़ों से
जुड़ ना सके
कराहकर प्यास से
जब कभी पुकारा इसने तुम्हें
तुम अनसुना कर चल दिए
कभी इसकी ओर
मुड़ ना सके
और आज तुमने
हद कर डाली
अपनी कुल्हाड़ी
इसके नाम कर डाली।

इतिहास में
यही होता आया है
आग से लड़ने वाले
दरख़्तों की जड़े
मनुष्य यों ही
खोदता आया है।

घोंसला

पर आते ही
घोंसला छोड़ गया,
बूढ़े माँ-बाप का
हौंसला तोड़ गया।।
साथ बैठे, साथ बतियाते
साथ हँसते, साथ गाते,
हाथ छूटा, सब टूटा,
वक्त का दरिया
हर रिश्ता मोड़ गया।।
पर आते ही
घोंसला छोड़ गया,
बूढे माँ-बाप का
हौंसला तोड़ गया।।

बीच आँगन
अमरूद के पेड़ पर
जब चिड़िया फल कुतरती होगी
जाने कितनी यादें
बूढ़ी झुर्रियों से गुज़रती होंगी,
बीच आँगन

जब कोई आम पकता होगा
बूढ़ा बाप रस्ता तकता होगा
सयाना हुआ तो
फलों में कड़वापन घोल गया,
पर आते ही
घोंसला छोड़ गया,
बूढ़े माँ-बाप का
हौंसला तोड़ गया।।

माना तेरी उड़ान की
अब दिशा अलग है,
पर तेरे उड़ान की
इस कला में
कुछ तो उसकी भी झलक है,
जिसने तुझे उड़ना सिखाया,
बहती हवाओं से लड़ना सिखाया,
सिखाया परवाज़ों को
कैसे है फैलाना,
विपदा पड़े तो
समेट परों को लौट घर को आना।
आज दुख से तू उनका
रिश्ता जोड़ गया,
पर आते ही
घोंसला छोड़ गया,
बूढ़े माँ-बाप का
हौंसला तोड़ गया।।

बंदर

मदारी डुगडुगी बजाता है
और वह दिखाने लगता है करतब,
सीधी खड़ी ऊँची दीवारों पर
चढ़ जाता है वह
जाने कैसे और कब।
कूदने लगता है
ढीली-ढाली बँधी
चाली बल्लियों पर,
कभी पतली-सी रस्सी कमर बाँध
लटक जाता है बीच अधर।
लेकिन मौत से बेफिक्र
पोत देता है अपने सतरंगी सपने
उन ऊँची सीधी दीवारों पर।

मदारी डुगडुगी बजाता है
और वह दिखाने लगता है करतब
जैसे करंट-सा दौड़ता है और
दौड़कर वह सरपट चढ़ जाता है
बिजली के खम्भों पर।
खेलने लगता है तारों से,

बेख़बर होकर आसमां के सितारों से
रोशन कर देता है
अंधेरे से डूबे शहर,
करतब जारी रहते हैं उसके आठों पहर।

मदारी डुगडुगी बजाता है
और वह दिखाने लगता है करतब
सौ किलो वज़नी बोरे
पीठ पर लाद
वह चलता है जीवन की रस्सियों पर
साधते हुए संतुलन,
उसके ऐसे करने से
कितना हलका हो जाता है
अपना मन और तन।

बहुत जल्दी बूढ़ा हो जाता है वह
वज़न ढोते-ढोते,
खो देता है एक दिन संतुलन
और फिर अपना जीवन।

मदारी डुगडुगी बजाता है
और वह दिखाने लगता है करतब
लेकिन एक दिन
वह गिरता है चाली बल्ली से
झुलस जाता है उसका शरीर
कौंधती बिजली से
मर जाता है वह
खून की कमी से
उठ जाता है वह
इस सोई जमीं से।

कई हनुमान भक्त आते हैं
और मदारी के उस बंदर को
जला आते हैं
कहते जाते हैं-
राम नाम सत्य है॥

□

आशाओं के वृक्ष पर

आशाओं के वृक्ष पर
मैंने-तुमने
तिनके बुने,
घर बसाया,
एक स्वप्न सजाया।

उस वृक्ष की
शाख-शाख, पात-पात
अब टूटने लगे हैं,
आसपास के परिन्दे भी
अब उड़ने लगे हैं
और देखो ना...
हमारे बच्चे भी
सुदूर आकाश छूने लगे हैं।

तुम कहती हो
आओ हम भी कहीं और चलें
मैं कहता हूँ
अपने घरौंदे से कैसे
मुख मोड़ चलें।

तुम कहती हो
सूखे पेड़ से कौन-सी
उम्मीद बाकी है
मैं कहता हूँ
ज़मीन में धँसी
इसकी जड़ें
तुम्हारे-मेरे
सुख-दुख की साखी हैं।

माना कि
सुदूर वतन में
अपने बच्चों का
सुंदर नया बसेरा है
पर यह घर मेरा है
मुझे इस पेड़ के स्नेहपाश ने
घेरा है।

मुझे अतीत के साथ
बहना है,
मुझे इन्हीं शाखाओं पर
रहना है।

मैं बिकने को तैयार हूँ

झूठ कहते हो तुम
कि मेरे जिस्म-ओ-जाँ का
मैं ही पहरेदार हूँ,
इसलिए ख़ुद ही
अपना गुनहगार हूँ।
बन बैठे कुछ लोग
इस जहाँ में खुदा मेरे,
पी गए मेरे पसीने की हर बूँद को,
खून को भी नहीं छोड़ा मेरे,
तक़ाज़ा किया
तो कोई मोल ना मिला,
मैं एक बार फिर लाचार हूँ,
आओ खरीदो मुझे
मैं बिकने को तैयार हूँ॥

मैं फटे लिबास,
तुम्हारी तपती चिमनियों
के धुएँ में
अपना जिस्म तपा दूँगा,

तुम्हारे ऊँचे महलों के लिए
अपना रोम-रोम खपा दूँगा।

मेरे मालिक तो
तुम बन बैठे हो,
जाने किस अकड़ में ऐंठे हो,
तुम्हारी इस अकड़ से शर्मसार हूँ,
आओ खरीदो मुझे
मैं बिकने को तैयार हूँ॥

लेकिन सनद रहे
मेरा हुनर कोई बेगार नहीं है,
मेरे बिना तुम्हारा कोई आधार नहीं है।
मेरे हक का आसमां बेशक
तुम अपना बना लो,
झोपड़ी से झाँकते चाँद की रोशनी पर
तुम्हारा अधिकार नहीं है॥
ऊँची-ऊँची इमारतों पर
खुदवा लो अपने नाम तुम,
लेकिन
उनकी ख़ूबसूरती में
मेरा हुनर बोलता है।
मेरे जिस्म-ओ-दिमाग के ठेकेदारों,
जिस दिन मेहनतकशों ने
तानी मुट्ठियाँ, याद रखना
फिर सिंहासन डोलता है॥

इसलिए मत समझो कि

जो कुछ है, बस बाज़ार है,
इस पाने-खोने के इतर
तेरे मेरे बीच इंसानी प्यार है,
एक दूजे के लिए समर्पण का इकरार है
तुम मेरे और मैं तुम्हारे जीवन का आधार हूँ,
आओ खरीदो मुझे
मैं बिकने को तैयार हूँ॥

ए दिल्ली!

अपने बयां-ए-दर्द का
हौंसला तो करें,
मल्हम मिले ना मिले,
दिल्ली को इतला तो करें।।

कह दें उसे कि
या तो तबाही का फ़ैसला कर ले,
नहीं तो आकर मिल हमें
और हल जनता का मसला कर ले।।

आज पहरेदार से हमारी
रूबरू मन की बात हो,
कुछ वह कहे हमसे,
कुछ फिर हमारे सवालात हो।।

तुम्हें चुना क्योंकि
जनता को तुमसे प्यार था,
रहबर बनाया मुल्क का
क्योंकि तुम पर एतबार था।।

पर क्या दिल्ली,
तुम खेलने लगी
हमारे जज़्बातों से,
और अब भागती हो
हमारे सवालातों से।।

जागते रहना दिल्ली,
हम तुम्हें सोने नहीं देंगे।
जनता को कुचलने
की कोशिशें कामयाब
होने नहीं देंगे।।

☐

रोटियाँ

वहाँ ऊँचे महलों में
रोटियाँ सीक रही हैं,
नफ़रत के आटे में गूँथी
सस्ते में बिक रहीं हैं।

कल शहर के बीचो-बीच
तंदूर में साझा आग जलेगी
यह रोटियाँ सरे आम
और पकेंगी।

भूखमरों की भूख
इन रोटियों से मिटायी जायेगी
नफ़रत की भट्ठियों में
ज़िन्दगियाँ सुलगाई जायेंगी।

भूखे-नंगों की चिता जलेगी
बोटियाँ-रोटियाँ दोनो पकेंगी,
नरपिशाचों के महलों में
कल पकवानों के थाल सजेंगे
भूख ख़त्म कर देने की ख़ुशी में
एक दूजे को लाभ बँटेंगे।

तलाश

हमेशा अपनी जमीं
अपना आसमां तलाशता रहा,
अकेले कब तलक चलता
तो कारवाँ तलाशता रहा।

समय की रेत को कुरेदना
अच्छा नहीं है लेकिन,
अपनी कमज़ोरियाँ छुपाने को
अतीत के लम्हें तलाशता रहा।

आसान नहीं था मुकाम तक पहुँचना
ढेरों काँटें मिले रास्ते में,
मंजिल तक पहुँचने के वास्ते
रास्ते तलाशता रहा।

तरह-तरह की बोलियाँ
बोलते मिले यहाँ लोग,
जो मुझे समझ सके
वो हमजुबां तलाशता रहा।

उम्मीद

उम्मीदों के बीज
फिर एक बार बोए दिल में,
क्या फिक्र जो कि
हर बार मौसम छलता है।
उजाले मुट्ठी में कैद करके रखना,
जिद थी वरना
सूरज तो हर शाम ढलता है॥

है एक अजीब सिलसिला दुनिया का
छोड़कर चल देता
जो भी मिलता है।
ख़ाक में मिल जाती इक दिन
खुशबू उसकी
फूल जो डाली पर सुबह खिलता है॥

उम्मीद है कि
फिर मेघों से बरसेगा पानी,
सूरज निकलेगा
और जीवन लिखेगा
फिर कोई नई उमंग भरी कहानी।

टूटेगा मिलकर बिछड़ने का दस्तूर,
नहीं होगा फूल, डाली से दूर॥
मेरी कोशिश तो
उम्मीदें बचाए रखने की है,
सूनी आँखों में भी
सपने सजाए रखने की है।
पर,
मिलना-बिछड़ना
ढलना-निकलना
खिलना-बिखरना,
इन रिवायतों के बीच
चुनौती
साँसों को बनाए रखने की है॥

उनकी कोशिशें

हमें अपने भीतर से
तोड़ने की
उनकी कोशिशें
ज़ोरों पर हैं,
स्व से मात देने की
उनकी चाल
हर मोहरों पर हैं।

मोबाइल टावर
की लम्बी कतारों में,
सूचनाओं के
अंधेरे बाज़ारों में,
समय से तेज दौड़ती
ध्वनियों के इशारों में
हमें फँसाने की,
कान फोड़ती संगीत
की बेसूरी लहरों पर
हमें नचाने की,
ऊँचे कारख़ाने की चिमनियों से

निकलते धुएँ में बसाने की
उनकी कोशिशें जारी हैं।

किन्तु
हमारी कैसी लाचारी है
उनके जाल में फँस रहे हैं हम,
स्व से कितने दूर
हट रहें हैं हम।

❐

संघर्ष

सिर पर जब
बहुत धूप लगने लगे,
पेट में भी
बहुत भूख लगने लगे,
सफ़र में तब
कदम लड़खड़ाते हैं,
आसपास के हसीं मंजर भी
फिर कहाँ भाते हैं।

मगर ऐसे में
जो अपनी राह चलता मिले
साहिल तक पहुँचने को
जो बीच भँवर में लड़ता मिले,
धूप- भूख- डूब
से घिरकर भी जो
मौत को ख़ूब-ख़ूब कहता मिले।

तुम उसकी राह निकल पड़ना,
उसकी थामें बाँह चलना,
क्योंकि

ज़िंदगी की राहें समतल नहीं है,
कहीं फूल तो काँटें कहीं हैं,
मुस्कान है तो
आँसू भी मिलते हैं सफ़र में,
सच के साथ
झूठ भी बिकता मिले शहर में।

मंजिल तक पहुँचने
के लिए
पग-पग पर लड़ना पड़ता है,
कभी प्यास-भूख से
कभी गहरी धूप से,
कभी बनावटी झूठ से,
कभी दलदली डूब से
अप्रभावित गुज़रना पड़ता है।
इसके लिए
संघर्ष मात्र सहारा है
अपना लिया इसे
तो अनुकूल किनारा है।।

अकेली धारा

वह बह रही है अकेले
धीरे-धीरे,
चट्टानों से टकराते,
बचते-बचाते
अपना अलग रास्ता बनाते।

वह बह रही है अकेले
क्योंकि
नदी के साथ
मंजूर नहीं उसे
सागर हो जाना,
अनंत द्वीप में लीन होकर
यूँ ही खो जाना।
वह रहना चाहती है
अपना अस्तित्व बचाते हुए,
वह बहना चाहती है,
अपनी अलग दुनिया बसाते हुए।

मुझे जब
इस नीरव जंगल में

लगती है बहुत प्यास
और नहीं दिखता
कोई सागर आसपास,
उस अलग बहती धारा से
अंजलि भर जल ले आता हूँ,
सूखा कंठ तर कर,
अपने पथ आगे बढ़ जाता हूँ॥

ढूँढ़ा तो...

ढूँढ़ा तो सारे फ़रिश्ते
किताबों में मिले,
हक़ीक़त में आसपास
सब आधे-अधूरे इंसान थे,
जो देवता थे
ख़्वाबों में मिले॥
सवाल था विश्व विजेता का,
पर्वतों की ऊँचाइयाँ,
सागर की गहराइयाँ,
नभ का विस्तार,
धरा का आकार,
सब जवाबों में मिले॥
तलाश थी एक मुक्कमल रिश्ते की
हाथ छोड़कर चल दिया
जो भी मिला सफ़र में,
रिश्ते तो मिले बहुत
पर मशगूल हिसाबों में मिले॥
बेदाग ख़ूबसूरती ढूँढ़नी चाही
चेहरों के पीछे कई चेहरे थे,
आईनों के सामने भी
अक्स ढके नक़ाबों में मिले॥

□

मुश्किल है

कब, क्या, क्यों किया मैंने
हर सवाल का जवाब, मुश्किल है,
कोशिश भी करूँ
तो याद नहीं आता,
हर पल का यूँ हिसाब, मुश्किल है।

यह करना था, यह नहीं था करना,
तय कैसे करता,
हर वक्त हाथ में हो
सलीकों-अदब की किताब, मुश्किल है॥

ऐसे रहूँ, ऐसे ना रहूँ
क्यों सिखाते हो मुझको
जो मैं हूँ, सामने आ ही जाऊँगा,
हमेशा ओढ़े रहें नक़ाब, मुश्किल है॥

अमावस में पूनम, पूनम में अमावस
कैसे ढूँढूँ,
हमेशा हँसते रहने की सीख
अच्छी तो है लेकिन
हर समय मुट्ठी में हो आफ़ताब, मुश्किल है॥

दोस्त और दुश्मन में फ़र्क़
करता तो कैसे करता,
इंसान थे दोंनो सामने मेरे
एक को गाली, एक को आदाब, मुश्किल है॥

☐

आओ लड़ें

आओ लड़ें
हर सूनी आँख के
ख़्वाबों के लिए लड़ें।
आओ लड़ें
चमन के उजड़े गुलाबों के लिए लड़ें॥

दाना-पानी छिन चुके
जिनका हम-तुम,
उन पंछियों के टूटे
ख़्वाबगाहों के लिए लड़ें।
जिन पर अब तक
चुप है हुक्मरान हमारा,
आओ आज उन सवालों के जवाबों के लिए लड़ें॥

चूसकर खून जिसका
खड़े महल तुमने किए,
उन अधमरे किसानों के
ज़मीनी हिसाबों के लिए लड़ें।
छिनकर बचपन जिनका,
चिमनियों के हवाले किया,

उन मासूमों की जली किताबों के लिए लड़ें॥
हवस की आग ने
जिस घर कर दिया अंधेरा,
सूने आँगन के डूबे आफ़ताबों के लिए लड़ें।
ज़रूरी है कुछ तो
पर्दा रहे तेरे-मेरे बीच,
अपनी आज़ादी के झीने नक़ाबों के लिए लड़ें॥

खुद्दारी

हवाओं के साथ बहने की
आदत नहीं रही।
मुकद्दर में इसीलिए मेरे,
बादशाहत नहीं रही॥

हुक्मरान का हो जाना,
बहुत मुश्किल है मेरे लिए,
दरियाँ बिछाकर मंच सजाने की
चाहत नहीं रही॥
नए दौर में नए सलीके हैं
जी हजूरी के जनाब,
झूठ कि
दौर-ए-जम्हूरियत में,
नेता की
इबादत नहीं रही॥

गांधी कैद है तस्वीरों में,
मंच से विदा है नेहरू-भगत,
नया कलेवर है सभाओं का, जहाँ

सच बोलने की
इजाज़त नहीं रही॥

इंक़लाब केवल नारा है
जो गूँजता है रैलियों में,
हालातों को बदल दें,
अब दिलों में वह
चाहत नहीं रही॥

□

ढूँढ़ता हूँ

जो तुझमें है, वही मुझमें है
यह समझा सके,
तालीमगाहों में प्यार की ऐसी
इबारत ढूँढ़ता हूँ।

बदलते मौसमों के सताये
मासूम चेहरों पर
जाने क्यों मैं, कुदरती
शरारत ढूँढ़ता हूँ।

अच्छे मौसमों का करके वादा
जो हर बार लौटकर नहीं आता,
ऐसी बेवफाई को रौंद दे, वह
बग़ावत ढूँढ़ता हूँ।

पाले बदलते, बोल बदलते
जम्हूरियत की इस अदा बीच,
साँप-नेवले की मैं
अदावत ढूँढ़ता हूँ।

छोटा-सा बच्चा

छोटा-सा बच्चा
कितना है सच्चा!
ना कोई अपना
ना पराया कोई,
जो रिझा दे उसे
मन को भाया वो ही।
रिश्तों का मतलब
कब उसने जाना,
तुतलायी जुबान ने
सबको माँ-सा माना।
वह अब बड़ा
होने लगा है,
दुनिया की ओर
मुड़ने लगा है,
शब्दों और रिश्तों से
जुड़ने लगा है।
वह अब और
बड़ा हो गया है,
थोड़ा किताबी
थोड़ा हिसाबी हो गया है।

वह अब समझता नहीं
समझाता है,
हँसता नहीं, रोता नहीं,
ना ही कुछ गाता है,
वक्त नहीं मिलता
तो बचपन के आँगन में
दिनों तक नहीं आता है।

बूढ़ी माँ
आँगन में लेटी है
दाँत टूट गये शायद
तुतलायी जुबान में कहती है-
मुन्ना बड़ा हो गया है,
पैरों पर खड़ा हो गया है।
थोड़ा हिसाबी है,
थोड़ा किताबी है।
पर है तो वह भोला
मेरे मरने पर
वह रोयेगा बहुत
उसे रोने देना,
कुछ याद कर हँसे तो
हँसने देना,
गुस्से में कुछ कहे
तो कहने देना,
वापस लौटकर
यहाँ रहे तो रहने देना।

□

जो ‘वे’ हैं

मेरे और तुम्हारे अतिरिक्त
जो ‘वे’ हैं,
‘वे’ दुनिया हैं,
दुनिया बातुनियाँ है।
‘वे’ स्वहित में शब्द बोलते हैं,
अपने लिए मीठा
और तुम्हारे लिए
कड़वा बोलते हैं।
उन्हें हर हाल में
तुम्हें बुरा ठहराना है,
तुम्हारे भीतर के भावों को
उन्होंने कब समझा
और जाना है।
उन्हें बोलने के लिए
बोलना है,
‘वे’ तुम्हारे सुखों से जुड़े
ना जुड़े
पर तुम्हें तुम्हारे
सुखों से तोड़ना है।
यही दुनिया है
जो बातुनियाँ है।

☐

मेरे आफ़ताब

मेरे आफ़ताब को जुल्फ़ों की
घनी छाँव तले रहने दो,
छन-छनकर नूर इसका
छलकता है तो छलकने दो।

ज़रूरत क्या चिरागों की
तेरे चेहरे के आगे,
रात बुझा दे दिए सारे
बस दिलों को जलने दो।

ख़ामोश लबों को रहने दो
कुछ ना कहो तुम हमसे,
सूनी-सी इन फ़िज़ाओं में
यह पायल खनकने दो।

मौसम अगर बग़ावत करे
तो करने दे उसे आज,
जुल्फ़ों के घने बादल
मेरे बाजुओं पर ढलने दो।

तुझे छू लूँ तो डर है
लबों का शबाव बिखर ना जाए,
दिल के अंजुमन में
गुलाबी कलियाँ महकने दो।

इन तपती निगाहों से
मैं क्या सागर भी पिघले,
डूबकर इनमें आज सारे
रंज-ओ-ग़म पिघलने दो।

□

शहीद भगतसिंह महान को याद करें

वह जो नित, धरती में सपने बोता है,
बोझ जग का, कंधों पर अपने ढोता है।
आज चलो उस, किसान की बात करें,
शहीद भगतसिंह, महान को याद करें॥

वह जो अपने हकों से अब तक महरूम है,
और धर्म के नशे में रहा अब तक झूम है।
अच्छे दिनों की उम्मीदों में बन दीवाना जो,
रोज़ मौत के फंदों को रहा गले से चूम है॥
आज चलो उस नौजवान की बात करें,
शहीद भगतसिंह, महान को याद करें॥

रोज़ सुबह सड़क पर जो उम्मीदें बिछाता है,
शाम टूटे सपनों की, गठरी फिर उठाता है।
सजी सँवरी, ऊँची-सी दुकानों के बाहर वह,
मचलती आँखों के सपनों से फुटपाथ सजाता है॥
आज चलो उस नन्हीं-सी जान की बात करें,
शहीद भगतसिंह, महान को याद करें॥
स्वेदकणों से अपने जो मंजिल पार लगाता है,
हर क़दम के साथ वह हैस्यां-हैस्यां गाता है।

धकेलता है हर धक्के के साथ ज़िंदगी अपनी,
साठ की उम्र में ही अस्सी का-सा हो जाता है॥
आज चलो उस मेहनतकश इंसान की बात करें,
शहीद भगतसिंह, महान को याद करें॥

बीत गई ज़िंदगी जिसकी हथौड़े की धम-धम में,
चलते रहे हाथ हरदम, रुके ना किसी मौसम में।
महल बनाकर कुटिया में ही रोज़ जो सोता रहा,
ढूँढ़ता रहा खुशियाँ ताउम्र और घिरा रहा ग़म में॥
आज चलो उस मजदूर का ही गुणगान करें,
शहीद भगतसिंह, महान को याद करें॥

खिलता पुष्प

मैं खिलता पुष्प
ज़माने की हवाओं से
बचा रहा हूँ
अपनी सुगंध,
कि टूट कीचड़ में ना गिरूँ
और देने लगूँ
मैं दुर्गंध।

प्यार का चेहरा

मेरे आँसू
काग़ज़ पर गिरे
मैंने लिखा
उस पर
तुम्हारा नाम,
और यह सोच दिल बहलाया
कि मैंने
चाँदनी रात में
आँसू भरी झील में
अपने प्यार का चेहरा देख लिया है।
स्मृतियों के पाल बाँध,
तेरे साथ बीते लम्हों की
नौका लिये
यादों की लहरों पर
हिचकोले खाते
मैंने सुदूर विहार को रुख किया है।
आ सको तो चले आना
आँधी बन...तूफ़ान बन

तेरे साथ डूबना
डरायेगा नहीं मुझे
क्योंकि तू ही साहिल है मेरा
मैंने साहिलों से पता किया है।

□

मन

काश
मैं मन से बैर पालने की
हिम्मत जुटा पाता,
तो स्वयं को स्वयं से जुड़ा पाता।
किन्तु मैं
मन को सन्तुष्ट करने की
कोशिश करता रहा,
स्वयं को स्वयं से
दूर करता रहा।

पिता के लिये

आज वे बच्चे हो गये हैं
जिनके हम हैं बच्चे,
मासूम से, दिल के सच्चे।

हम हो गये हैं बड़े
हैं अपने पैरों पर खड़े।
पर वे पलंग पर लेटे हैं,
अपनी जिद्दों में ऐंठे हैं॥
वे नहीं चाहते
अब कुछ खाना,
बंदिशों में बँध जाना॥
पर डाँटते हैं उन्हें हम
कुछ खाने के लिए,
बाँधते हैं उन्हें क़समों से,
उन्हें पाने के लिए॥

जिन्होंने कभी
अपने हाथों से हमें खिलाया,
उन्हें अब हम खिलाते हैं,
जिन्होंने चलना सिखाया हमें

उन्हें अब हम चलाते हैं।
बूढ़ापे के ये कष्ट
उन्हें भीतर तक सालते हैं,
कैसे गँवारा हो उन्हें
जिन्हें ढाला उन्होंने,
वे अब उन्हें ढालते हैं॥

पर सच तो यह है मेरे पिता
कि ना हम आपको
पाल सकते हैं
और ना ही ढाल,
हम तो चाहते हैं
पलट दें यह काल॥

समर के अंत तक लड़ना,
मुसीबतों से भिड़ना
आपका दिखाया रास्ता है
इसलिए आपको हमारा वास्ता है
हौंसला कीजिए
वापस ज़िंदगी का रुख कीजिए॥

देवता

देवता बनने की चाह नहीं है,
मेरी गुनाहों भरी राह नहीं है।
इंसान से देवता होना
हैवानियत भरा सफ़र है,
बुलंदियों के महल तले
अपनों के अरमानों का ज़हर है।
हिसाबी बुद्धि वाली सोच नहीं चाहिए,
पापी हो जाने का बोझ नहीं चाहिए।
चाह नहीं कि
देवों की तरह महान बनूँ
चाह बस इतनी कि
एक सरल नेक इन्सान बनूँ।

तूफ़ान में

बच रहा है
माँझी लहरों से
या लहरें बचा रहीं हैं
स्वयं उसे
तूफ़ान में
गुमान नहीं होता
क्या व क्यों सम्बन्ध है
किसका किससे।

अनुबंधन

जीवन
एक पुस्तक
अनुबंधनों की
क्षणिक रिश्तों के बंधनों की।

एक को निभायें
दूसरा टूट जाता है,
एक को मनायें
दूसरा रूठ जाता है
और समय
इन्हीं उलझनों में
पीछे छूट जाता है।

फिर भी अनुबंधन
जो साँसों से
उसे निभाना है,
जब तक चले गति उनकी
जीना है
अमृत हो या विष
पीना है।

□

अंतर

पता है
'तुम्हारे' में
और उनमें
केवल
एक अंतर है
ममूली-सा
उनकी चमड़ी थी सफ़ेद
और तुम्हारी पोशाक।

□

चौराहे पर

जहाँ राहें
आकर मिलती हैं,
भीड़-सी लग जाया करती है अक्सर।
अलग-अलग चले
अलग-अलग मंजिल को
पर चौराहों से बचकर
भला कब पूरा हुआ सफ़र।
क्यों सोचा तुमने कि
हम अलग हैं
कभी नहीं मिलेंगे,
अलग-अलग होती रहेगी
ज़िंदगी बसर।
देखो मिल गये ना
चौराहे पर
और मिले हैं तो
हज़ारों एहसासों,
जज़्बातों और ख़्यालातों की
एक भीड़-सी लग गई है।

खरीददार

वह ऊँची-ऊँची इमारतें ही नहीं
वह खरीद सकता है
दूसरों की साँसें
दुनिया भर की आवाज़ें,
किसी की हँसी,
किसी की खुशी।

वह खरीद सकता है
किसी की आँखों की नमी,
पैरों तले की दो गज जमीं,
किसी का हास-परिहास
एक-एक अहसास।

वह खरीद सकता है
किसी की मजबूरी,
गाँव से शहर की दूरी
किसी के मासूम सपने,
बूढ़े होते हुए अपने।
दुनिया के बाज़ार में
सबसे महँगा है वह आदमी

जिसके इर्द-गिर्द
सब कुछ खरीदा हुआ है-
साँसें-आवाज़ें
हँसी-ख़ुशी,
नमीं-जमीं,
हास-परिहास
एक-एक एहसास।

उसका अपना क्या है,
जो इक इंसान होने के लिए ज़रूरी है,
कभी उसका अन्तस टटोलना
बहुत कंगाल निकलेगा,
सब कुछ खो देने के भय से डरेगा।
हाँ भले ही
वह सब कुछ खरीद सकता है।

वापसी

अस्ताचल देख समीप
परिंदे लौटे घर को,
तज अंजाने-अनकहे-अनबोले
स्वार्थ में डूबे शहर को।

मौत के डर से ज़्यादा
भूख सताती है,
यह भूख ही साँसों को
शहर ले आती है।

आज जब शहर बंद है,
लगा पता
यहाँ दिल कितना तंग है।
सब छुप गए
हमारे हाथों से बनाए
मकानों के भीतर और
हम लड़ रहे सड़कों पर
जीवन की जंग हैं।
शहर से गाँव के बीच
कितनी लम्बी दूरी है,

पर इसको तय करना
हर बार हमारी मजबूरी है।

शहर जब से गाँव की बाड़ खा गया,
कारख़ानों का मल
गाँव के तालाब-कुएँ चबा गया
चिमनियों से उठता धुआँ,
नील गगन में बिखर गया,
बाज़ार सारा
हमारे धंधे निगल गया।
हम मजबूर हो गए
तेरी चौखट पर आने को,
अपने श्रम की आज़ादी गँवाने को।

पर तेरे चेहरे पर
सभ्यता की आहट लिए
नपी तुली जो मुस्कुराहट है
झूठ को सच
और सच को झूठ बनाने की
जो छटपटाहट है
आज हमारी उससे
हो गई बग़ावत है।

इसलिए मातम के इस दौर में
हम गाँव जायेंगे
तेरे अहम को ठुकराकर
हम वहीं फिर अपना घर बसायेंगे।

□

मर्यादा पुरूषोत्तम

हे मर्यादा पुरूषोत्तम
तुम्हारे नाम पर
सारी मर्यादायें धवस्त हो रही हैं,
ना जाने कितनी ज़िंदगियाँ
असमय काल-कलवित और अस्त हो रही हैं।

इस प्रकाश पर्व
तुम फिर लौटकर आना,
हवाओं के साथ
फड़फड़ाते दीयों को
असमय बुझने से बचाना।
हो सके तो उन्हें
रोशनी का मर्म समझाना।
कहना उन्हें कि
जलना
दूसरों को रोशन करने के लिए अच्छा,
तपना
अपने अहम को भस्म करने के लिए अच्छा,
रमना
नित नव सृजन करने के लिए अच्छा।

बतलाना
वे जिस अहम के अंधकार में डूबे हैं,
सृजन के बजाय
विध्वंस के जो उनके मंसूबे हैं,
वे धर्म के नहीं अधर्म के हथियार हैं,
क्या वे रावण बनने को तैयार हैं?

कुछ समय पहले
तुम्हारा परम भक्त एक महात्मा
मर्यादाओं के भीतर रहकर
लड़ता रहा,
शांत चित्त रहकर
अपनी राह बढ़ता रहा।
अंतिम समय में
हे राम! कह उसने तुम्हें पुकारा,
इस सतरंगी बगिया को
जिसने अपने खून से सँवारा।
तुम्हारे कुछ बरगलाए भक्तों ने
अब उसे भूला दिया
उसके हत्यारे का ही मंदिर बना दिया।

□

हिम यात्रा

दुर्गम घाटियों के बीच
घुमावदार राहों से गुज़रते,
कभी हँसते तो कभी डरते,
हम पहुँचे हिमखंड के
उच्च शिखर पर
जहाँ कर रही थी स्वागत हिम
रुई की चादर बनकर।

चार पहियों पर डरे-डरे,
बिना जमीं पर पैर धरे
चल रहे थे हम,
बढ़ रहे थे हम।
पर सुगम था वह पथ
आगे बढ़ा जिस पर जीवन रथ।

सोचा दुर्गम पथ सुगम बना कैसे
डामर का यह मार्ग यहाँ पहुँचा कैसे?
उत्तर मिला
हज़ारों मज़दूरों ने जान गँवाई है,

तब जाकर यह सड़क
तलहटी से शिखर तक आई है।

उतरते समय, एक ओर
शिखर पर चढ़ते,
हँसते-गाते चेहरे थे।
दूसरी ओर
घने देवदारों के पहरे थे,
जो खड़े थे
सड़क के नीचे
ज़मीन को
धँसने से बचाने के लिये,
मौत को जीवन से हराने के लिए।
मौन खड़े देवदारों की गोद में
सड़क बनाते हुए
खाई में गिर जाने वाले मज़दूर
कभी समाये होंगे
तब ना जाने कितने
मरसिया इन्होंने गाएँ होंगे।
देवदार खड़े हैं बुत बनकर
मज़दूरों के रक्त में रंगकर॥

☐

नव नीड़

तिनका-तिनका पात जोड़ नव नीड़ बना लें हम।
अक्षर-अक्षर शब्द जोड़ सृजन नव कर डालें हम॥

कब तक ज़िंदगी यूँ ही हमसे दूर जायेगी,
आँधियाँ कब तक ऐसे जलते दीप बुझायेंगी।
आओ फिर एक नया चिराग़ जला लें हम,
तिनका-तिनका पात जोड़ नव नीड़ बना लें हम।

क्लांत तन तू लेकर आया भी तो क्या,
कुहासा आसमां पर छाया भी तो क्या?
पंख फैला नई उड़ान भर डालें हम,
तिनका-तिनका पात जोड़ नव नीड़ बना लें हम।

कुछ हक़ीक़त बन हो लिये वो अपने,
कुछ टूटकर रह गए देखे जो सपने।
आओ फिर नया कोई स्वप्न सजा लें हम,
तिनका-तिनका पात जोड़ नव नीड़ बना लें हम।

चुनाव

बहुत मुश्किल होता है
चुनाव किसी का,
आसान नहीं है
किसी के भीतर घुसकर
खंगालना उसे
पूरी तरह से।
गोताखोर सरीखे
भीतर के समुद्र की
तह में जाना
और जमी काईयों को
अलग कर
मोती ढूँढ़ लाना
सरल तो नहीं होता
ख़ासकर तब
जबकि हमने ख़ुद को
नहीं बाँचा ढंग से
अभी तक।
इसलिए चुनाव होता है

बाहरी आवरण का
जो अक्सर
सजा-सँवरा होता है
नयी-नवेली
दुल्हन के मानिंद।

□

मेरे उस के बीच

इस पार मेरे
और उस पार
उस के बीच
बहुत कुछ है
अनसुना, अनकहा-सा।

सड़क,
सड़क पर दौड़ते लोग
वाहनों का शोर
चीखता-चिल्लाता बाज़ार
और बड़ा होता जाता
थोड़ा-सा फ़ासला।

रात हुई
थमा शोर
और
बीच सड़क हमारे
हाथों में हाथ थे
दिन भर की थकान के बाद
मिलन की रात

भली थी
कभी दिन ना निकलने की
चाह लिये
हम लेट गये
सड़क के बीचों बीच
सारी आशंकाओं को
फुटपाथ पर ढकेल कर।

यकायक
कानून से लम्बे
कुछ हाथ झपटे और
उठा ले गये दोनों को,
कैद कर दिया
हमें अपनी-अपनी दीवारों में।
अब वह अपनी राह है
और मैं अपनी,
हमें यकीन है
किसी मुकाम पर
मिल जायेंगी राहें
लेकिन उन्हें लगता है
उन्होंने सब ठीक कर दिया है।

◻

अहिंसा सर्कल पर एक रात

याद है तुम्हें
आधी बीती
और
शेष आधी रात में
कैसे बीते थे पल
अहिंसा सर्कल के बीच
बैठे उस रोज।

गांधी-मूर्ति के
उस चबूतरे पर
बैठकर तुमने पूछा था मुझसे
सच बतलाओ
कितना चाहते हो मुझे
और मैंने कहा था
पता नहीं
कभी पढ़ा नहीं
कभी मापा नहीं,
बस चाहता हूँ।
चाँद और सितारों की
चादर में लिपटी

हरी दूब को बिस्तर बना
जब हम लेटे थे
और ओस की बूँदों ने
भिगोया था हम को

यकायक
कुछ लम्पट घुस आये
अहिंसा सर्कल में और
झपटे थे तुम्हारी ओर,
हिंसक होकर।
अम्बेडकर मूर्ति के
हाथों में
संविधान की किताब के
टूटे-फूटे अंश
बरसाये हमने
उन पर और
जैसे-तैसे
अपनी गाड़ी में बैठ
लौट आये घर।

मैं आज भी सोचता हूँ
उस रात हमें और
हमारे प्यार को
किसने बचाया?
संविधान की किताब ने?

प्रभाकर प्रकाशन द्वारा प्रकाशित पुस्तकें